AF221308

Impressum
Verlag: BABADADA GmbH, Nedderfeld 112 , 22529 Hamburg
Geschäftsführer / Verlagsleitung: Harald Hof
Druck: Books on Demand GmbH, In de Tarpen 42, 22848 Norderstedt

Imprint
Publisher: BABADADA GmbH, Nedderfeld 112 , 22529 Hamburg, Germany
Managing Director / Publishing direction: Harald Hof
Print: Books on Demand GmbH, In de Tarpen 42, 22848 Norderstedt

colegio
sekolah

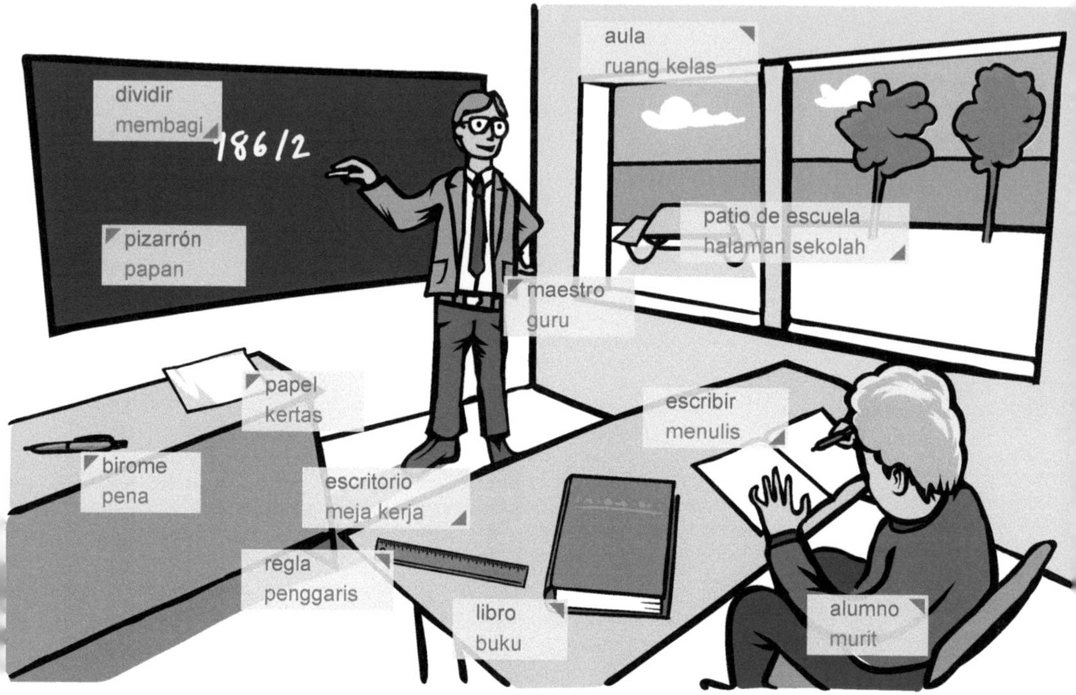

aula
ruang kelas
dividir
membagi
186/2
pizarrón
papan
patio de escuela
halaman sekolah
maestro
guru
papel
kertas
escribir
menulis
birome
pena
escritorio
meja kerja
regla
penggaris
libro
buku
alumno
murit

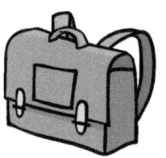

mochila

tas sekolah

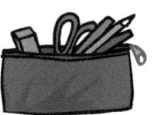

caja de lápices

tempat pensil

lápiz

pensil

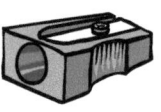

sacapuntas

pengasah pensil

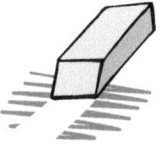

goma (de borrar)

penghapus

bloc de dibujo

kertas gambar

dibujo

gambar

pincel

kuas

caja de pinturas

kotak cat

tijera

gunting

pegamento

lem

cuaderno de ejercicios

buku latihan

tarea

pekerjaan rumah

número

angka

sumar

tambhakan

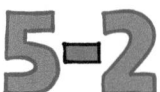

restar

mengurangi

multiplicar

mengalikan

calcular

menghitung

letra

huruf

abecedario

alfabet

palabra

kata

texto

teks

leer

membaca

tiza

kapur

lección

pelajaran

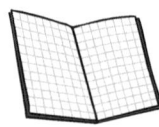

cuaderno de clase

daftar

examen

ujian

certificado

sertifikat

uniforme escolar

seragam sekolah

educación

pendidikan

enciclopedia

ensiklopedi

universidad

universitas

microscopio

mikroskop

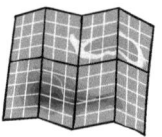

mapa

peta

tacho (de basura)

tempat sampah

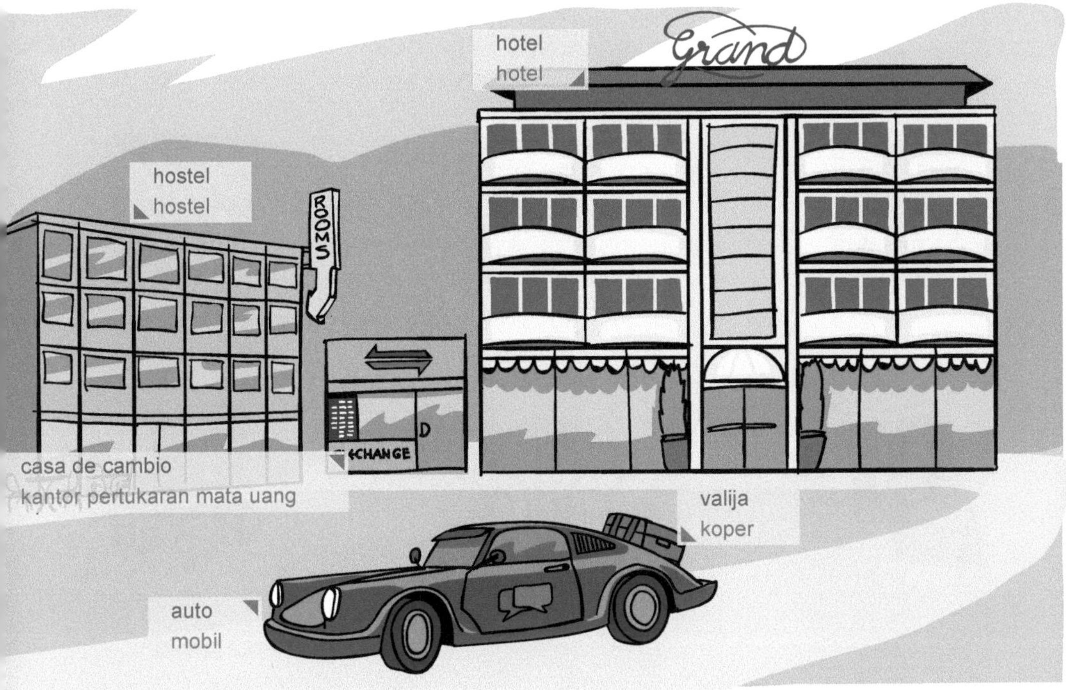

hotel
hotel
hostel
hostel
ROOMS
EXCHANGE
casa de cambio
kantor pertukaran mata uang
valija
koper
auto
mobil

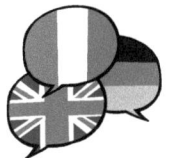

idioma

bahasa

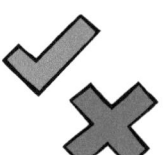

sí / no

ya / tidak

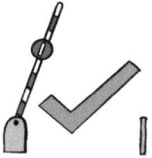

Está bien

okay

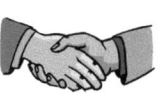

hola

hallo

traductor

penerjemah

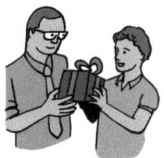

Gracias

terima kasih

¿cuánto cuesta...?

Berapa harganya...?

No entiendo

saya tidak mengerti

problema

masalah

¡Buenas tardes!

Selamat malam!

¡Buenos días!

Selamat siang!

¡Buenas noches!

Selamat tidur!

adiós

sampai jumpa

dirección

arah

equipaje

bagasi

bolso

tas

mochila

ransel

invitado

tamu

habitación

ruang

bolsa de dormir

kantong tidur

carpa

tenda

información turística

informasi wisata

playa

pantai

tarjeta de crédito

kartu kredit

desayuno

sarapan

almuerzo

makan siang

cena

makan malam

pasaje

tiket

ascensor

elevator

sello

perangko

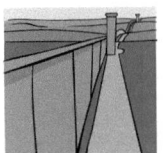

frontera

perbatasan

aduana

cukai

embajada

kedutaan

visa

visa

pasaporte

paspor

transporte
transportasi

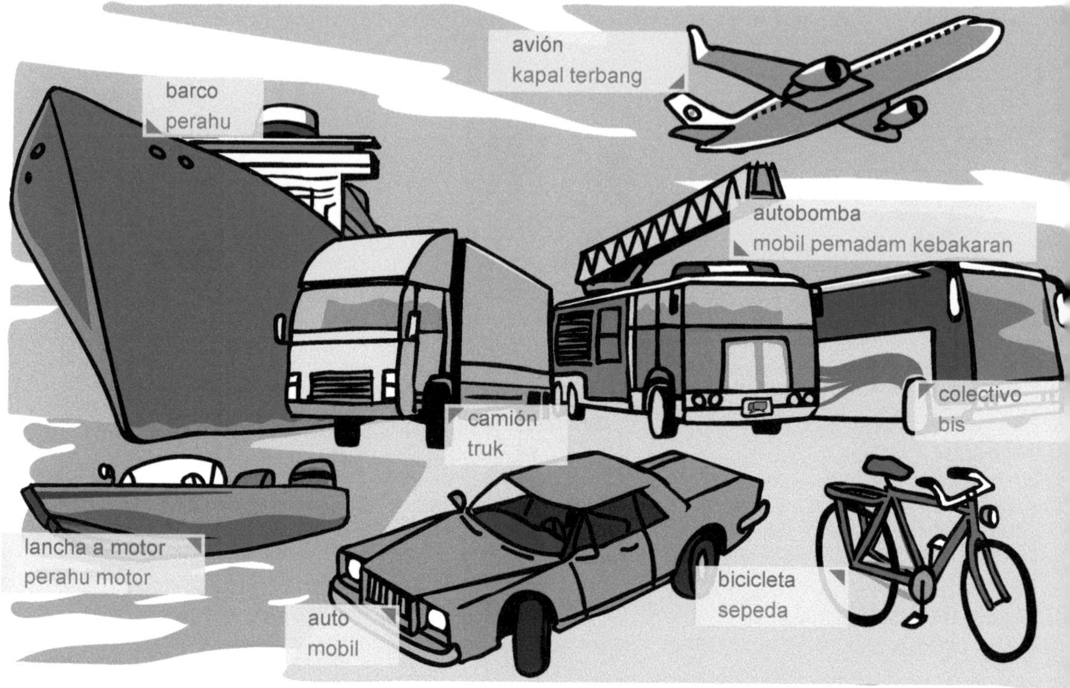

avión
kapal terbang
barco
perahu
autobomba
mobil pemadam kebakaran
colectivo
bis
camión
truk
lancha a motor
perahu motor
bicicleta
sepeda
auto
mobil

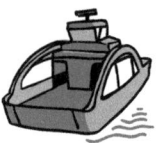

ferry

feri

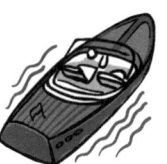

bote

perahu

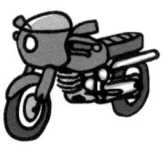

moto

sepeda motor

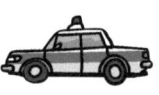

patrullero

mobil polisi

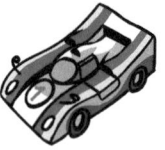

auto de carreras

mobil balapan

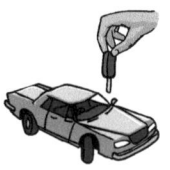

auto de alquiler

mobil sewa

alquiler de autos

berbagi mobil

grúa

truk derek

camión de basura

truk sampah

motor

motor

nafta

bahan bakar

estación de servicio

bensin

señal de tránsito

tanda lalulintas

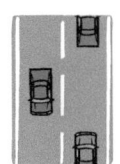

tránsito

lalulintas

embotellamiento

macet

estacionamiento

parkir mobil

estación de tren

stasiun kereta

vías

trek

tren

kereta api

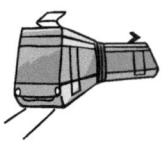

tranvía

tram

vagón

gerobak

transporte - transportasi

helicóptero

helikopter

aeropuerto

bendara

torre

menara

pasajero

penumpang

contenedor

container

caja de cartón

karton

carretilla

troli

canasta

keranjang

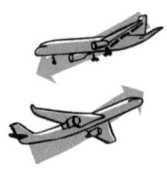

despegar / aterrizar

berangkat / mendarat

ciudad

kota

pueblo

desa

centro de ciudad

pusat kota

casa

rumah

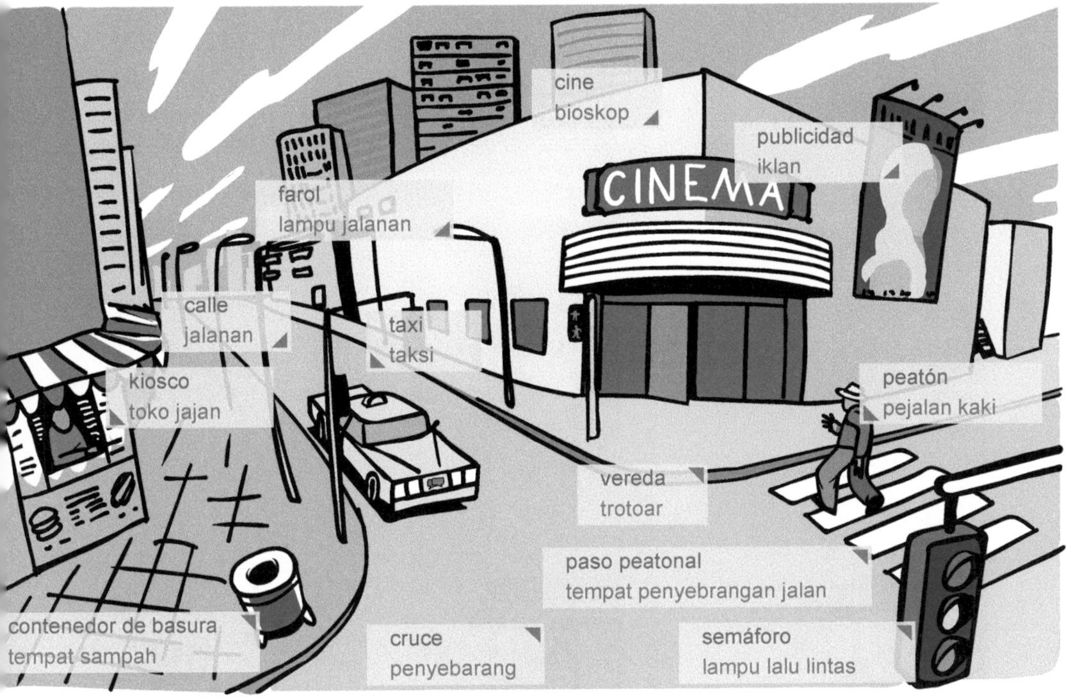

cine
bioskop

publicidad
iklan

CINEMA

farol
lampu jalanan

calle
jalanan

taxi
taksi

kiosco
toko jajan

peatón
pejalan kaki

vereda
trotoar

paso peatonal
tempat penyebrangan jalan

contenedor de basura
tempat sampah

cruce
penyebarang

semáforo
lampu lalu lintas

cabaña

gubuk

departamento

rumah flat

estación de tren

stasiun kereta

municipalidad

balai kota

museo

museum

colegio

sekolah

universidad

universitas

banco

bank

hospital

rumah sakit

hotel

hotel

farmacia

farmasi

oficina

kantor

librería

toko buku

negocio

toko

florería

toko bunga

supermercado

supermarket

mercado

pasar

grandes tiendas

toko serba ada

pescadería

nelayan

centro comercial

pusat belanja

puerto

pelabuhan

parque

taman

banco

banku

puente

jembatan

escaleras

tangga

subte

kereta bawah tanah

túnel

terowongan

parada del colectivo

pemberhantian bis

bar

bar

restaurante

restauran

buzón

kotak surat

letrero

tanda jalan

parquímetro

meteran parkir

zoológico

kebun binatang

pileta

kolam renang

mezquita

mesjid

granja

pertanian

contaminación

polusi

cementerio

kuburan

iglesia

gereja

juegos infantiles

tempat bermain

templo

pura

paisaje
pemandangan

hoja
daun

poste indicador
penunjuk arah

camino
jalanan

pradera
padang rumput

piedra
batu

árbol
pohon

excursionista
pejalak kaki

río
sungai

hierba
rumput

flor
bunga

valle

lembah

montaña

bukit

lago

danau

bosque

hutan

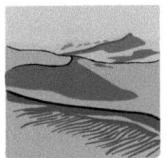

desierto

padang gurun

volcán

gunung berapi

castillo

istana

arco iris

pelangi

champiñón

jamur

palmera

pohon palem

mosquito

nyamuk

mosca

lalat

hormiga

semut

abeja

lebah

araña

laba-laba

escarabajo

kumbang

rana

kodok

ardilla

tupai

erizo

landak

liebre

kelinci

lechuza

burung hantu

pájaro

burung

cisne

angsa

jabalí

babi jantan

ciervo

rusa

alce

rusa

presa

bendungan

aerogenerador

turbin angin

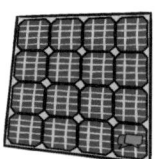

panel solar

panel surya

clima

iklim

restaurante

restauran

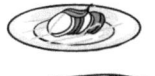

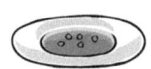

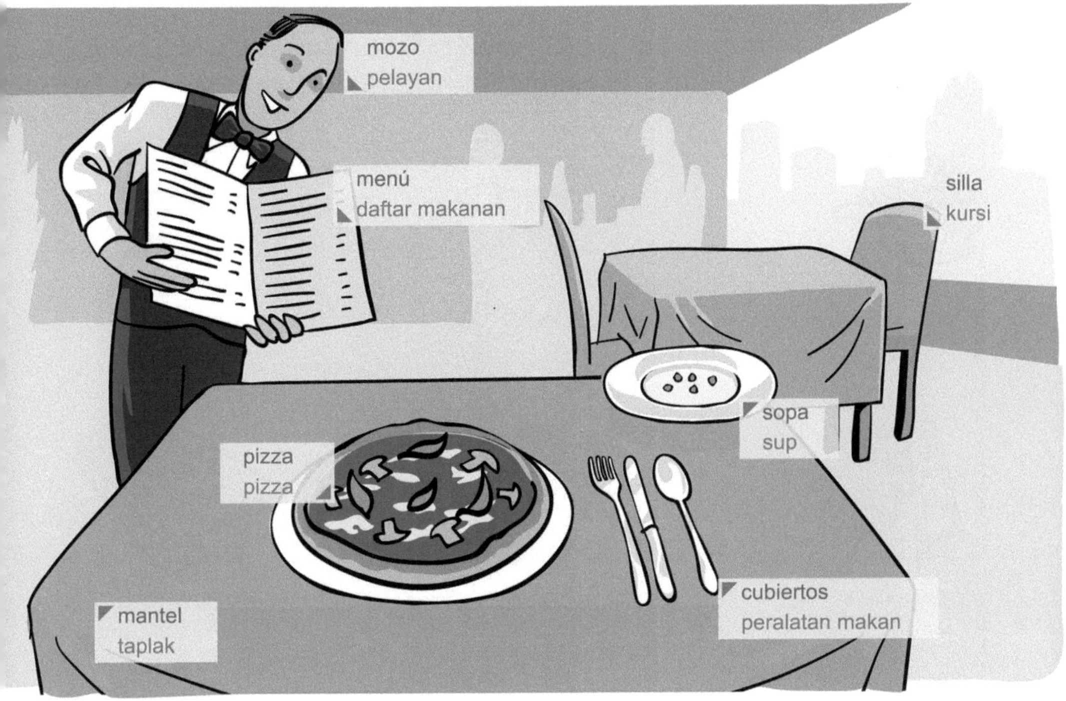
mozo
pelayan
menú
daftar makanan
silla
kursi
sopa
sup
pizza
pizza
cubiertos
peralatan makan
mantel
taplak

entrada

hindangan pembuka

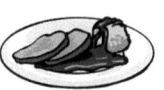

plato principal

hidangan utama

postre

hidangan penutup

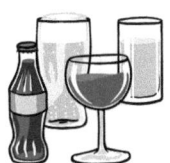

bebidas

minuman

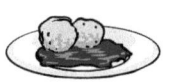

comida

makanan

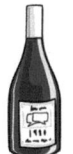

botella

botol

comida rápida

fastfood

comida callejera

masakan jalanan

tetera

teko teh

azucarera

kaleng gula

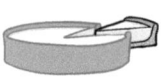

porción

porsi

cafetera expreso

mesin espresso

sillita alta

kursi tinggi

cuenta

tagihan

bandeja

baki

cuchillo

pisau

tenedor

garpu

cuchara

sendok

cucharita

sendok teh

servilleta

serbet

vaso

gelas

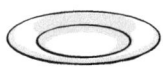

plato
piring

plato hondo
piring sup

plato
lepek

salsa
saus

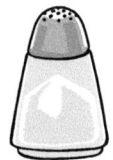

salero
tempat garam

molinillo de pimienta
gilingan merica

vinagre
cuka

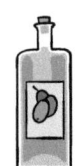

aceite
minyak

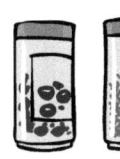

especias
bumbu

kétchup
saus tomat

mostaza
mustar

mayonesa
mayones

supermercado
supermarket

oferta especial
penawaran khusus
FOR
cliente
klien
lácteos
produk susu
fruta
buah
changuito
troli

BUTCHERS

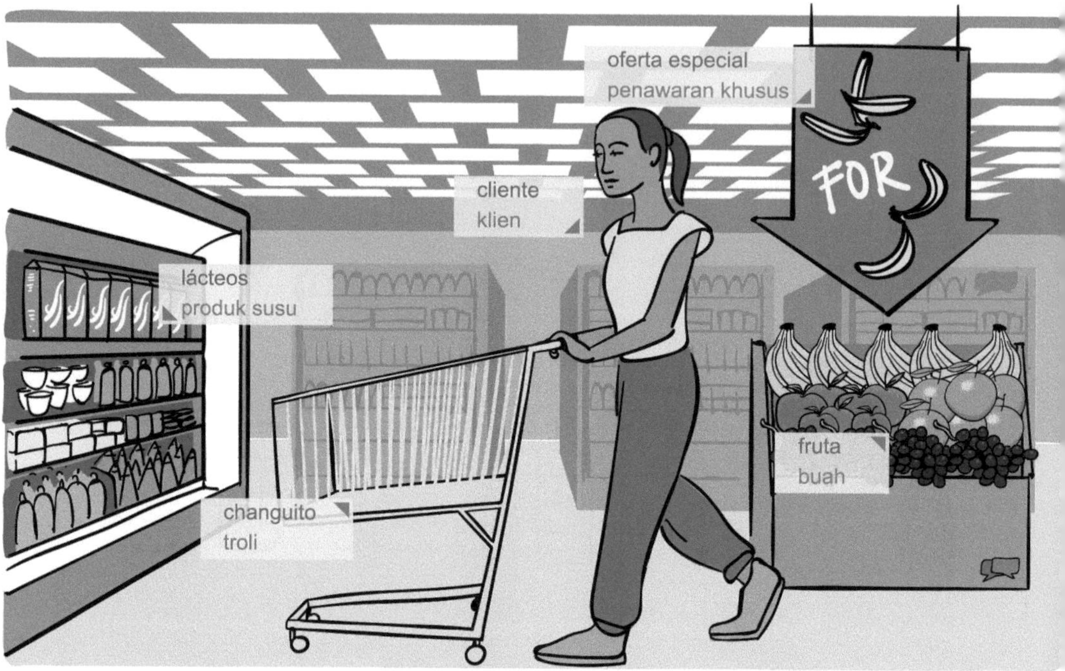

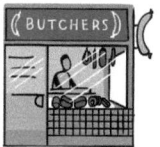

carnicería

pembantai

BAKERY

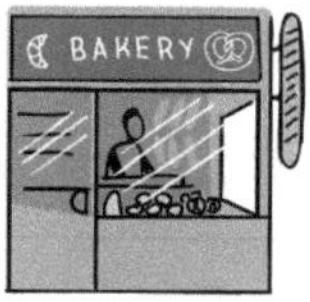

panadería

toko roti

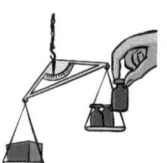

pesar

menimbang

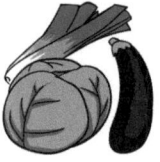

verduras

sayur

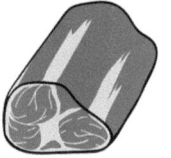

carne

daging

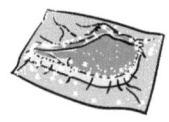

alimentos congelados

makanan beku

fiambres

pemotongan dingin

alimentos enlatados

makanan kaleng

detergente en polvo

sabun serbuk

golosinas

permen

electrodomésticos

alat-alat rumah tangga

productos de limpieza

obat pembersihan

vendedora

penjual

caja

kasa

cajero

kasir

lista de compras

daftar belanja

horario de atención

jam buka

billetera

dompet

tarjeta de crédito

kartu kredit

cartera

tas

bolsa de plástico

kantong plastik

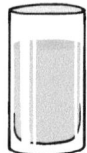

agua

air

jugo

jus

leche

susu

bebida cola

cola

vino

anggur

cerveza

bir

alcohol

alkohol

cacao

coklat

té

teh

café

kopi

café expreso

espresso

cappuccino

cappucino

banana

pisang

manzana

apel

naranja

jeruk

melón

semangka

limón

jeruk lemon

zanahoria

wortel

ajo

bawang putih

bambú

bambu

cebolla

bawang bombai

champiñón

jamur

nueces

kacang

fideos

mi

tallarines

spagetti

arroz

nasi

ensalada

salat

papas fritas

kentang goreng

papas fritas

kentang goreng

pizza

pizza

hamburguesa

hamburger

sándwich

sandwich

churrasco

sayatan

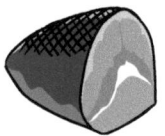

jamón

ham

salame

salami

salchicha

sosis

pollo

ayam

asado

menggoreng

pescado

ikan

copos de avena

bubur gandum

muesli

sereal

copos de maíz

cornflakes

harina

tepung

medialuna

croissant

pancito

roti

pan

roti

tostada

toast

galletitas

biskuit

manteca

mentega

cuajada

dadih

torta

kue

huevo

telur

huevo frito

telur goreng

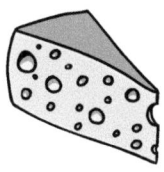

queso

keju

helado
eskrim

azúcar
gula

miel
madu

mermelada
selai

pasta de chocolate
krim nugat

curry
kare

granja
pertanian

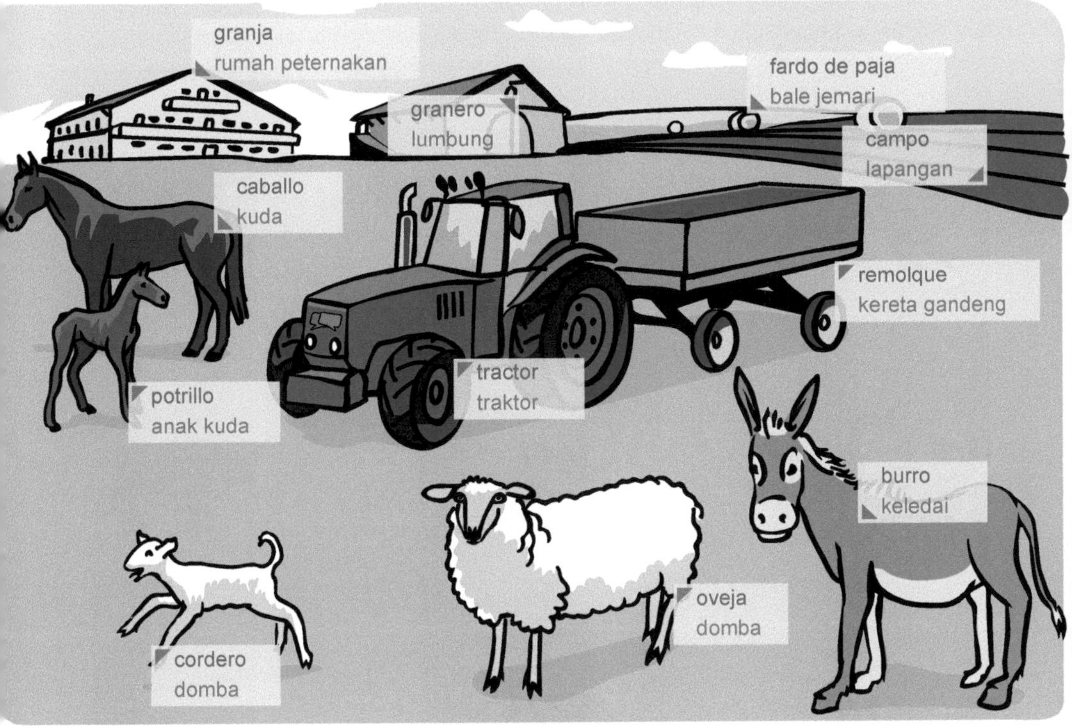

granja
rumah peternakan
fardo de paja
bale jemari
granero
lumbung
campo
lapangan
caballo
kuda
remolque
kereta gandeng
tractor
traktor
potrillo
anak kuda
burro
keledai
oveja
domba
cordero
domba

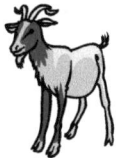

cabra

kambing

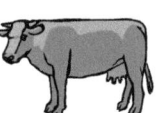

vaca

sapi

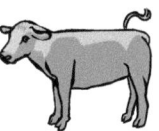

ternero

betis

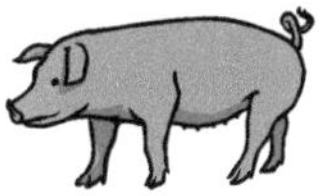

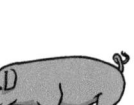

cerdo

babi

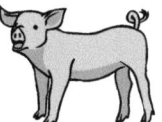

lechón

celeng

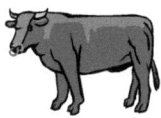

toro

banteng

ganso

angsa

pato

bebek

pollo

anak ayam

gallina

ayam

gallo

ayam jantan

rata

tikus

gato

kucing

ratón

tikus

buey

lembu

perro

anjing

cucha

rumah anjing

manguera

selang

regadera

penyiram

guadaña

sabit

arado

bajak

hoz

sabit

azada

cangkul

horquilla

garpu rumput

hacha

kapak

carretilla

gerobak

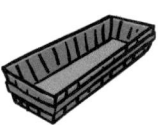

abrevadero

palung

lechera

kaleng susu

bolsa

karung

reja

pagar

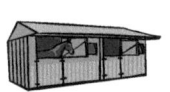

establo

kandang

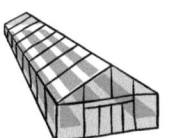

invernadero

rumah kaca

suelo

tanah

semilla

benih

fertilizador

pupuk

cosechadora

mesin pemanen

cosechar

panen

cosecha

panen

batatas

yams

trigo

gandum

soja

kedelai

papa

kentang

maíz

jagung

semilla de colza

lobak

árbol frutal

pohon buah

mandioca

singkong

cereales

sereal

casa
rumah

chimenea
cerobong
techo
atap
caño de desagüe
pipa talang
ventana
jendela
garaje
garasi
timbre
bel pintu
puerta
pintu
tacho de basura
sampah
buzón
kotak surat
jardín
kebun

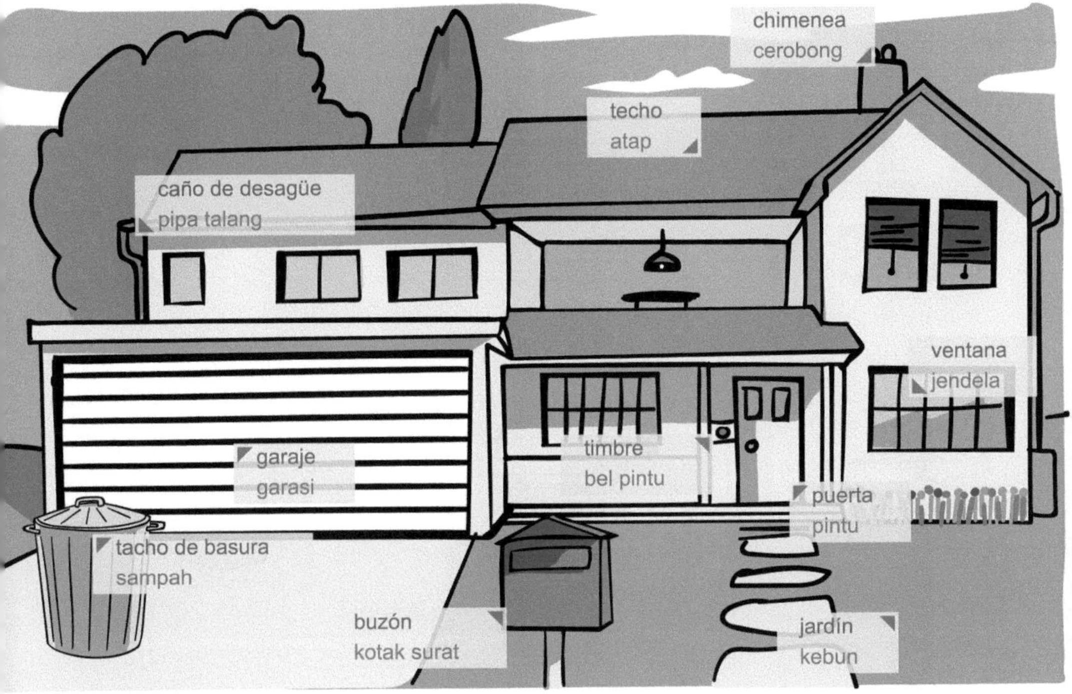

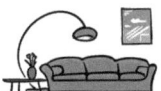

living
ruang tamu

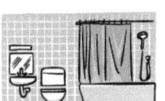

baño
kamar mandi

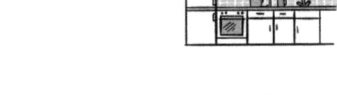

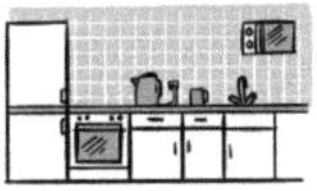

cocina
dapur

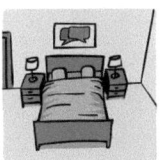

dormitorio
kamar tidur

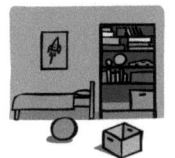

cuarto de los chicos
kamar anak

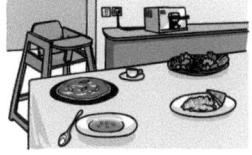

comedor
kamar makan

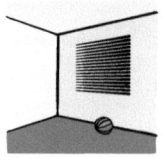

piso

lantai

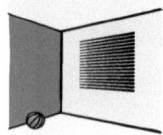

pared

tembok

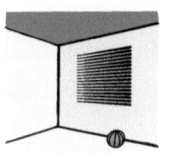

cielorraso

atap

sótano

gudang di bawah tanah

sauna

sauna

balcón

balkon

terraza

teras

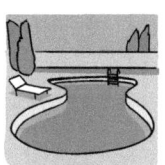

pileta

kolam renang

cortadora de pasto

mesin pemotong rumput

sábana

sprei

acolchado

selimut

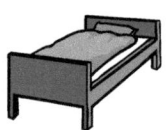

cama

tempat tidur

escoba

sapu

balde

ember

interruptor

tombol

living

ruang tamu

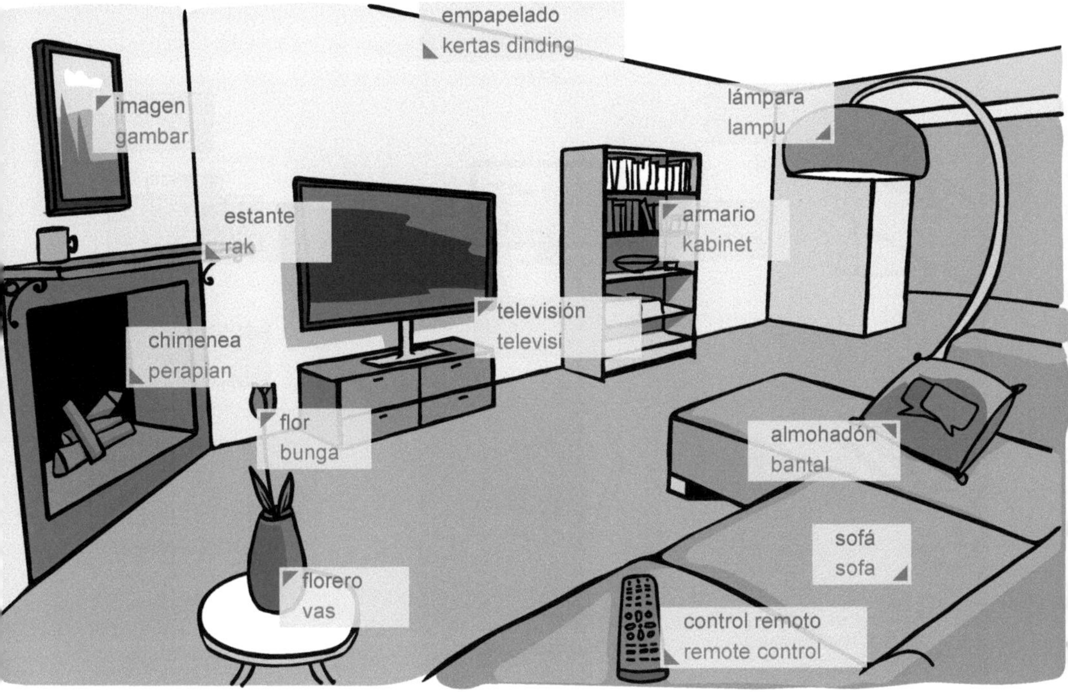

empapelado
kertas dinding
imagen
gambar
lámpara
lampu
estante
rak
armario
kabinet
televisión
televisi
chimenea
perapian
flor
bunga
almohadón
bantal
sofá
sofa
florero
vas
control remoto
remote control

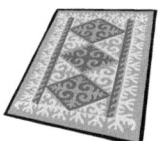

alfombra

karpet

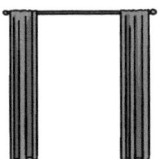

cortina

korden

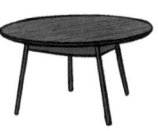

mesa

meja

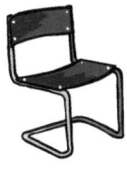

silla

kursi

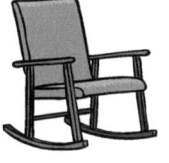

mecedora

kursi goyang

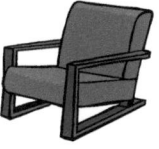

sillón

kursi malas

libro

buku

frazada

selimut

decoración

dekorasi

leña

kayu bakar

película

filem

equipo de música

hi-fi

llave

kunci

diario

koran

pintura

lukisan

póster

poster

radio

radio

cuaderno

buku tulis

aspiradora

penyedot debu

cactus

kaktus

vela

lilin

cocina
dapur

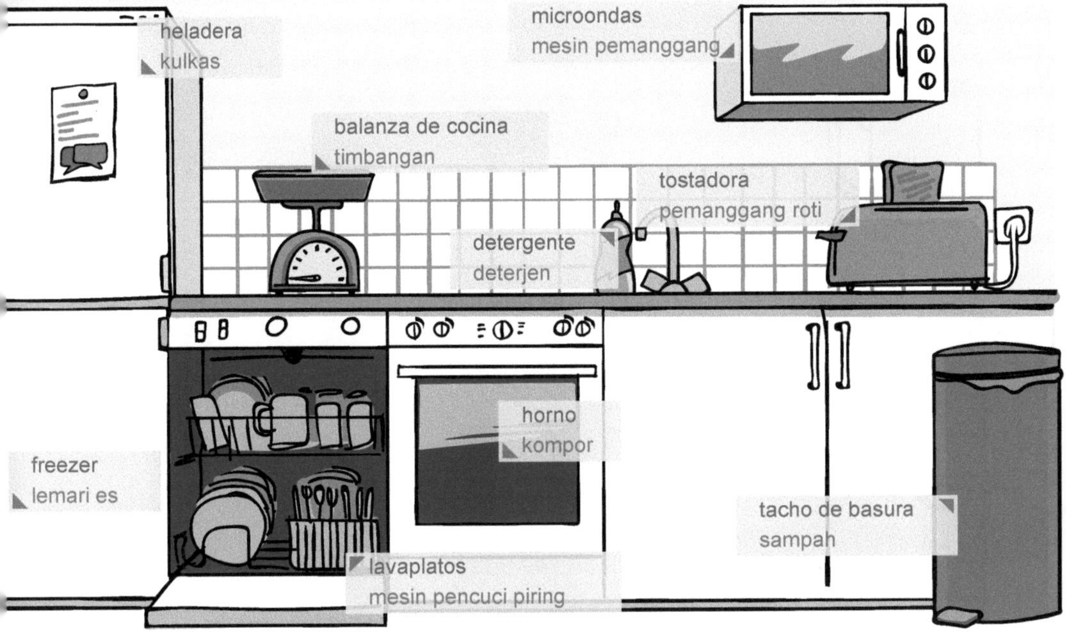
heladera
kulkas
microondas
mesin pemanggang
balanza de cocina
timbangan
tostadora
pemanggang roti
detergente
deterjen
horno
kompor
freezer
lemari es
tacho de basura
sampah
lavaplatos
mesin pencuci piring

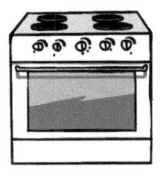

cocina

kompor

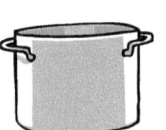

olla

panci

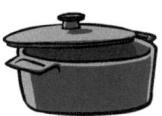

olla de hierro fundido

panci besi

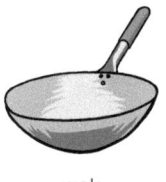

wok

wajan

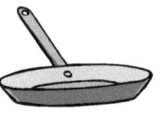

sartén

panci

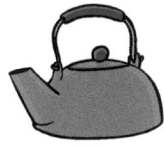

pava

pemanas air

vaporera

panci pengukus makanan

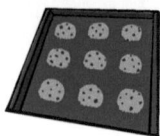

bandeja de horno

nampan

vajilla

piring

taza

cangkir

bol

mangkok

palitos

sumpit

cucharón

sendok sup

estpátula

sudip

batidora

mengocok

colador

saringan

colador

saringan

rallador

parutan

mortero

mortir

parrilla

barbeque

fogata

api terbuka

tabla de picar

papan memotong

palo de amasar

gilingan

sacacorchos

alat pembuka botol

lata

kaleng

abrelatas

pembuka kaleng

manopla

pegangan panci

pileta

wastafel

cepillo

sikat

esponja

busa

batidora

mesin pencampur

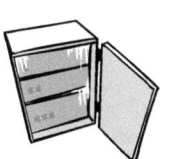

congelador

lemari es

mamadera

botol bayi

canilla

keran

baño
kamar mandi

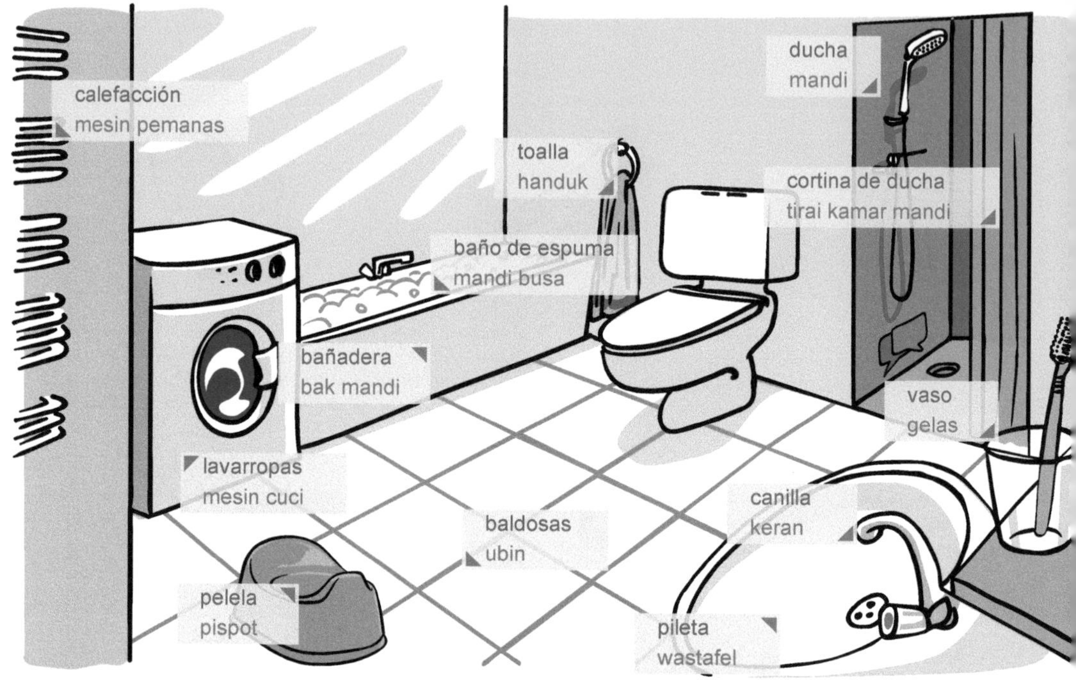

calefacción
mesin pemanas
ducha
mandi
toalla
handuk
cortina de ducha
tirai kamar mandi
baño de espuma
mandi busa
bañadera
bak mandi
vaso
gelas
lavarropas
mesin cuci
canilla
keran
baldosas
ubin
pelela
pispot
pileta
wastafel

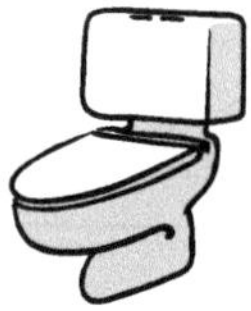

inodoro
toilet

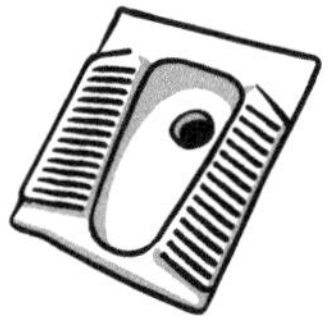

letrina
toilet jongkok

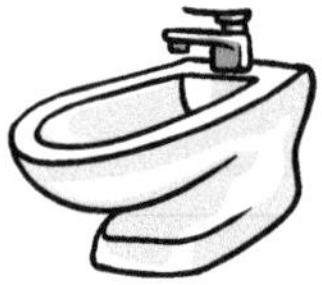

bidé
bidet

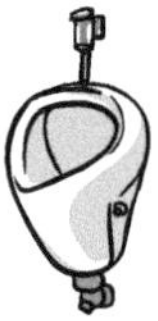

mingitorio
pissoir

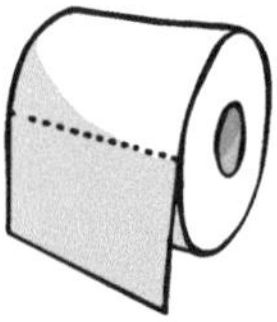

papel higiénico
kertas toilet

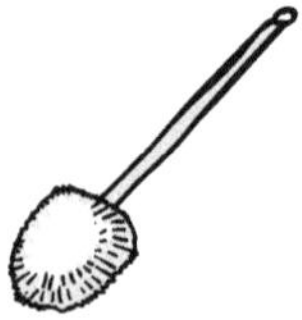

cepillo para el inodoro
sikat toilet

cepillo de dientes

sikat gigi

dentífrico

pasta gigi

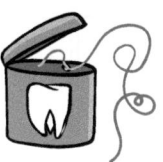

hilo dental

benang gigi

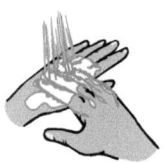

lavar

menyuci

ducha de mano

pancuran tangan

ducha higiénica

pancuran

palangana

bak

cepillo para espalda

sikat punggung

jabón

sabun

gel de ducha

gel mandi

shampoo

sampo

toallita

planel

desagüe

kuras

crema

krim

desodorante

deodoran

espejo

kaca

espejito

cermin tangan

maquinita de afeitar

pisau cukur

espuma de afeitar

busa cukur

aftershave

aftershave

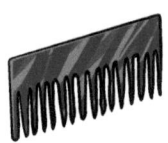

peine

sisir

cepillo

sikat

secador de pelo

alat pengering rambut

spray

semprot rambut

maquillaje

makeup

lápiz de labios

lipstik

esmalte para uñas

cat kuku

algodón

kapas

tijera para uñas

gunting kuku

perfume

minyak wangi

portacosméticos

kantong pencuci

banqueta

bangku

balanza

timbangan

bata

mantel mandi

guantes de goma

sarung tangan karet

tampón

tampon

toallita femenina

handuk pembalut

baño químico

toilet kimia

cuarto de los chicos
kamar anak

despertador
jam alarm
peluche
boneka tidur
coche de juguete
mobil-mobilan
sonajero
kelintung
casa de muñecas
rumah boneka
regalo
kado

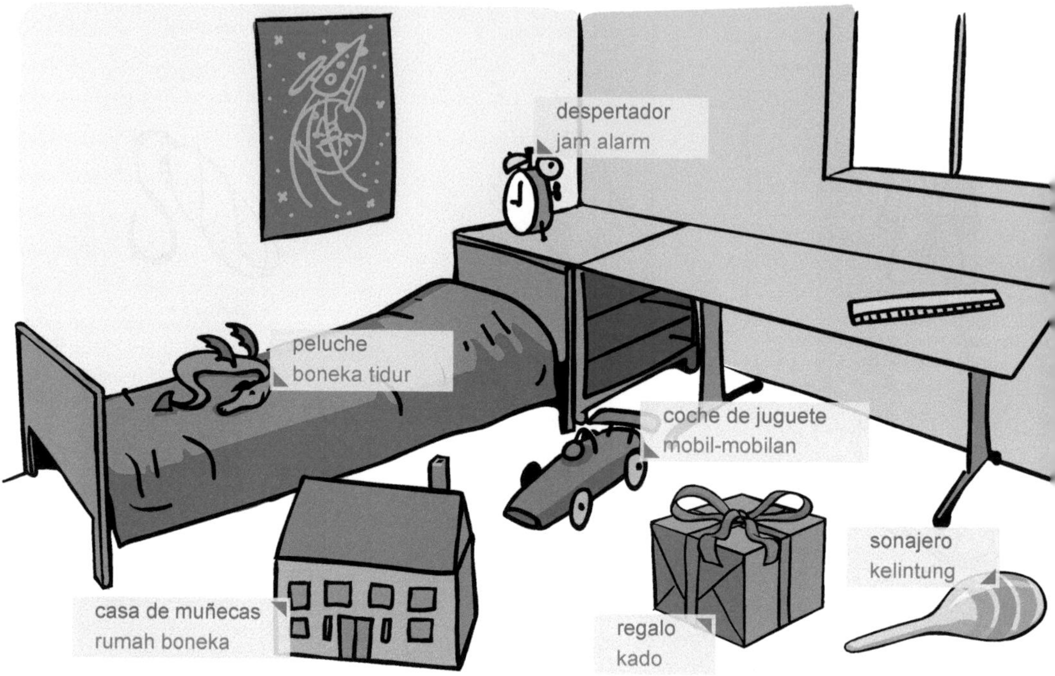

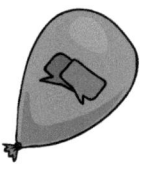

globo
balon

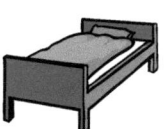

cama
tempat tidur

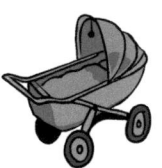

cochecito
kereta bayi

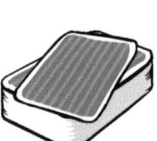

cartas
mainan kartu

rompecabezas
teka-teki

SUPER
MEGA

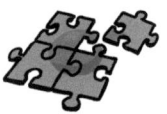

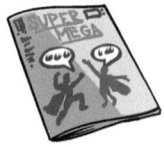

historieta
komik

piezas de lego

mainan lego

ladrillos de juguete

blok mainan

figura de acción

figur aksi

enterito (de bebé)

baju monyet

frisbee

frisbee

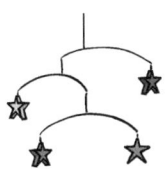

móvil para bebés

mobile

juego de mesa

permainan papan

dados

dadu

tren eléctrico

set model kreta api

chupete

dot

fiesta

pesta

libro de cuentos ilustrado

buku gambar

pelota

bola

muñeca

boneka

jugar

bermain

arenero

tempat main pasir

hamaca

ayunan

juguetes

mainan

consola de videojuegos

video game konsol

triciclo

sepeda roda tiga

osito de peluche

teddy

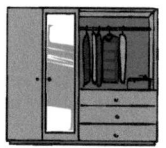

armario

lemari pakaian

ropa

pakaian

medias

kaos kaki

medias panty

kaos kaki

calzas

baju ketat

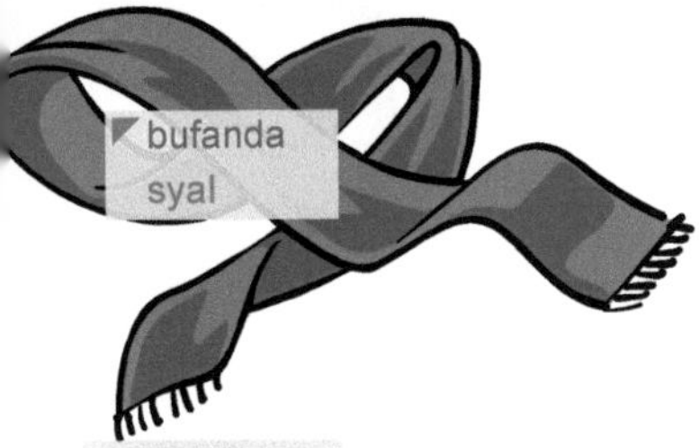

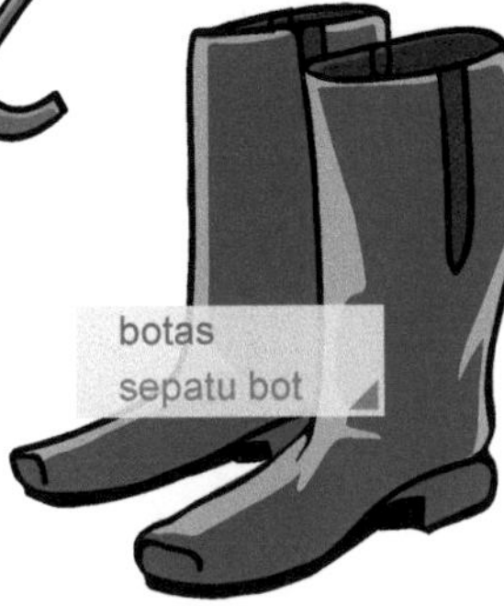

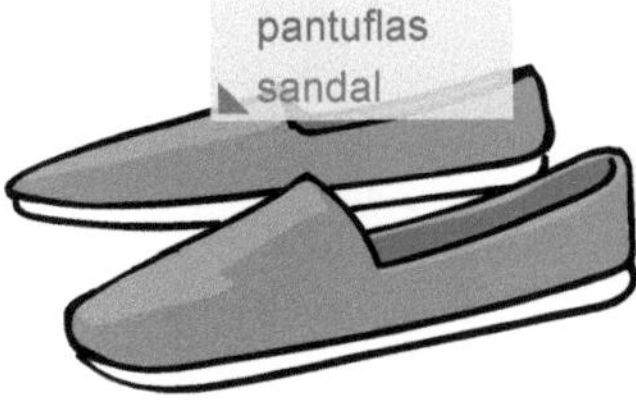

bufanda
syal

paraguas
payung

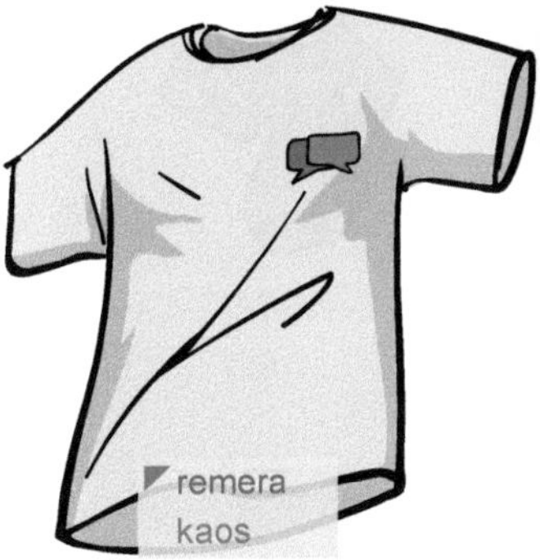

cinturón
sabuk

remera
kaos

botas
sepatu bot

pantuflas
sandal

zapatillas
sepatu

sandalias
sandal

zapatos
sepatu

botas de goma
sepatu bot karet

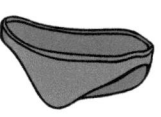
ropa interior
celana dalam

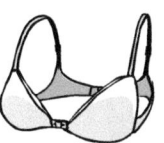
corpiño
BH

chaleco
baju rompi

body
body

pantalones
celana

jeans
jeans

pollera
rok

blusa
blus

camisa
kemeja

pulóver
aket berkerudung

buzo
sweater

blazer
jaket

campera
jaket

tapado
mantel

piloto
jas hujan

traje
kostum

vestido
gaun

vestido de novia
gaun pengantin

traje

setelan resmi

camisón

gaun tidur

pijama

piyama

sari

sari

pañuelo para cabeza

jilbab

turbante

turban

burka

burka

caftán

kaftan

abaya

abaya

traje de baño

pakaian renang

short de baño

celana renang

shorts

celana pendek

jogging

olah raga

delantal

celemek

guantes

sarung tangan

botón

kancing

anteojos

kacamata

pulsera

gelang

collar

kalung

anillo

cincin

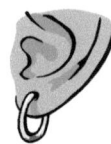

aro

anting

gorra

topi

percha

gantungan mantel

sombrero

topi

corbata

dasi

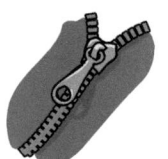

cierre

ritsleting

casco

helm

tiradores

tali selempang

uniforme escolar

seragam sekolah

uniforme

seragam

ropa - pakaian

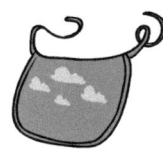

babero

oto

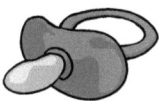

chupete

dot

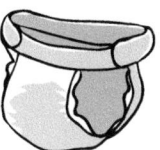

pañal

popok

oficina

kantor

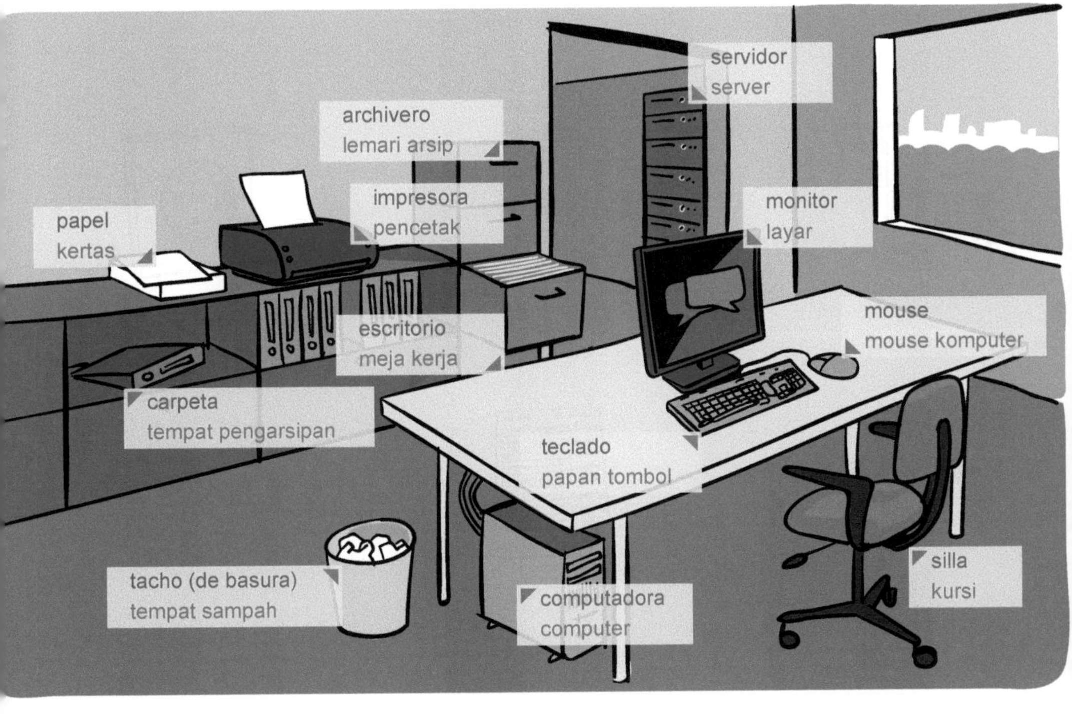
servidor
server
archivero
lemari arsip
impresora
pencetak
papel
kertas
monitor
layar
mouse
mouse komputer
escritorio
meja kerja
carpeta
tempat pengarsipan
teclado
papan tombol
tacho (de basura)
tempat sampah
computadora
computer
silla
kursi

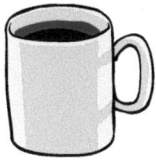

taza de café

cangkir kopi

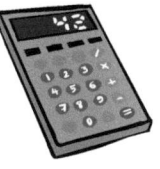

calculadora

kalkulator

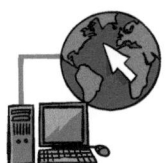

internet

internet

laptop

laptop

carta

surat

mensaje

pesan

celular

telepon seluler

red

jaringan

fotocopiadora

fotokopi

software

software

teléfono

telepon

tomacorriente

plug soket

fax

mesin fax

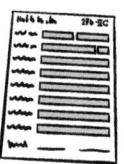

formulario

formulir

documento

dokumen

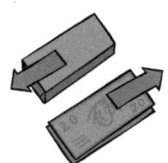

comprar

membeli

pagar

membayar

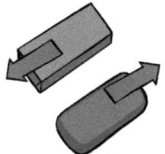

hacer negocios

berdagang

dinero

uang

dólar

Dollar

euro

Euro

yen

Yen

rublo

Rubel

franco suizo

Franc Swiss

yuan

Renminbi Yuan

rupia

Rupiah

cajero automático

ATM

casa de cambio

kantor pertukaran mata uang

oro

emas

plata

perak

petróleo

minyak

energía

energi

precio

harga

contrato

kontrak

impuesto

pajak

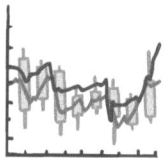

acción

saham

trabajar

bekerja

empleado

karyawan

empleador

majikan

fábrica

pabrik

negocio

toko

ocupaciones
pekerjaan

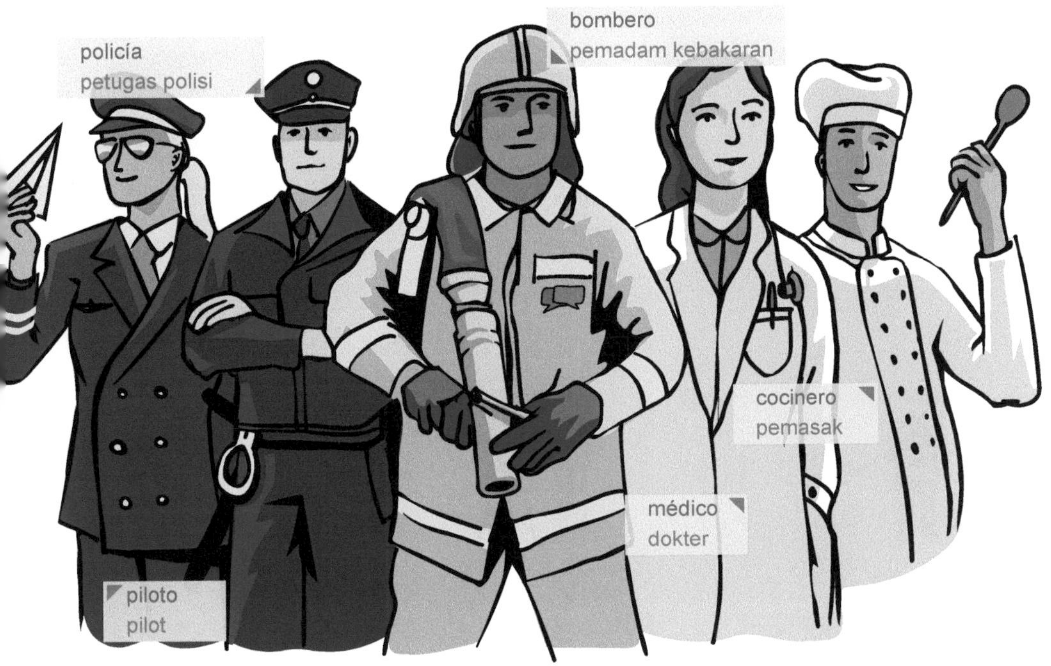
bombero
pemadam kebakaran
policía
petugas polisi
cocinero
pemasak
médico
dokter
piloto
pilot

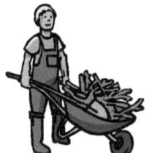

jardinero

tukan kebun

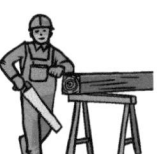

carpintero

tukang kayu

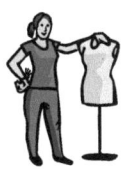

modista

penjahit wanita

juez

hakim

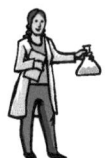

farmacéutico

ahli kimia

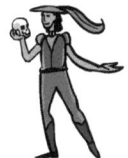

actor

aktor

colectivero

sopir bis

taxista

sopir taksi

pescador

nelayan

mucama

pembantu

techista

tukang atap

mozo

pelayan

cazador

pemburu

pintor

pelukis

panadero

tukang roti

electricista

tukang listrik

albañil

pembangun

ingeniero

insinyur

carnicero

tukang daging

plomero

tukang ledeng

cartero

tukang pos

ocupaciones - pekerjaan

soldado
tentara

arquitecto
arsitek

cajero
kasir

florista
penjual bunga

peluquero
penata rambut

cobrador
konduktor

mecánico
montir

capitán
kapten

dentista
dokter gigi

científico
ilmuwan

rabino
rabbi

imán
imam

monje
biarawan

sacerdote
pendeta

herramientas
alat

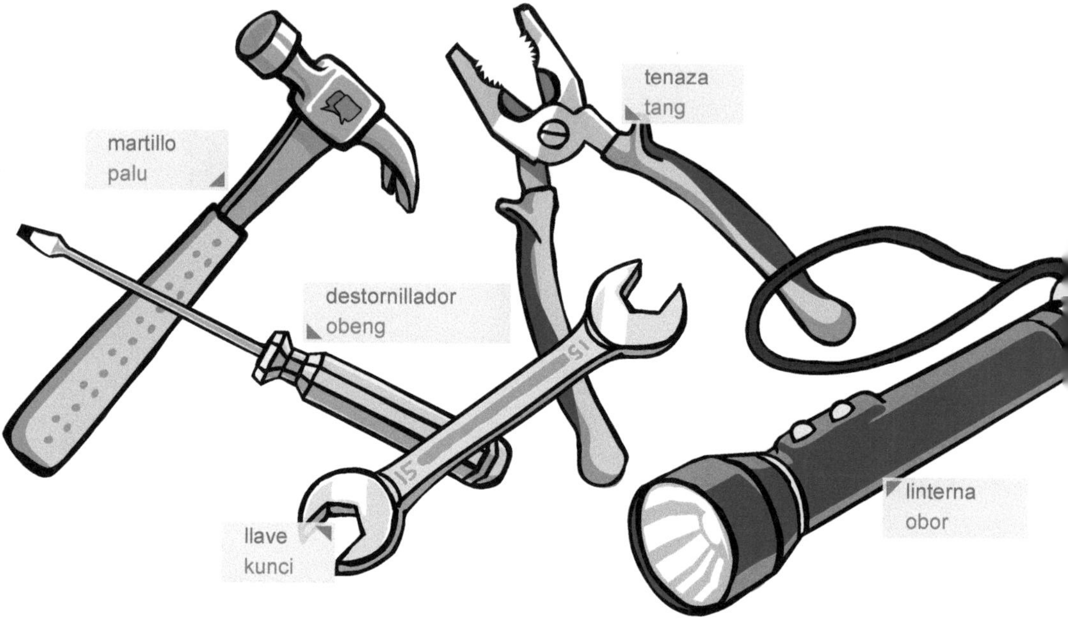
martillo
palu
tenaza
tang
destornillador
obeng
llave
kunci
linterna
obor

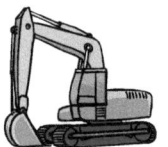

excavadora

penggali

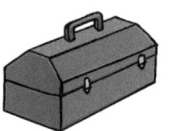

caja de herramientas

tas perkakas

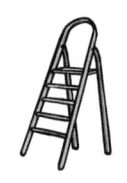

escalera portátil

tangga

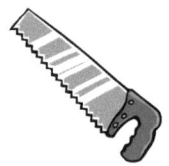

sierra

gergaji

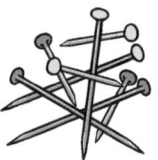

clavos

paku

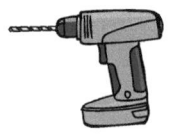

taladro

bor

arreglar
perbaikan

pala de jardín
sekop

¡Qué bronca!
Sialan!

pala de plástico
cikrak

tacho de pintura
pot cat

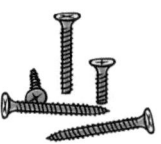

tornillos
sekrup

instrumentos musicales
alat musik

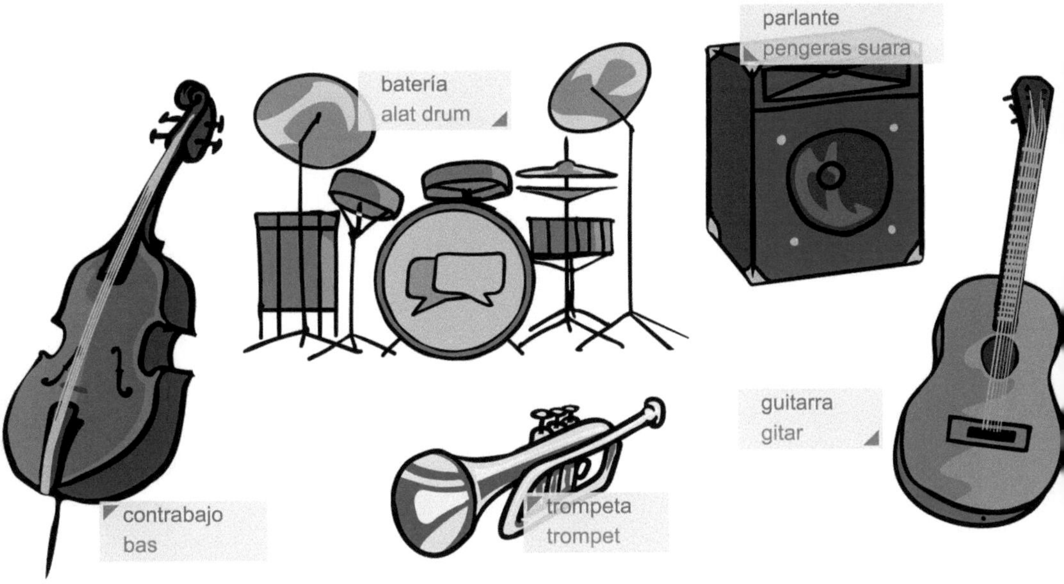

parlante
pengeras suara

batería
alat drum

guitarra
gitar

contrabajo
bas

trompeta
trompet

piano
piano

violín
violin

bajo
bass

timbales
tambur

tambor
drum

teclado
keyboard

saxofón
saksofon

flauta
suling

micrófono
mikrofon

zoológico
kebun binatang

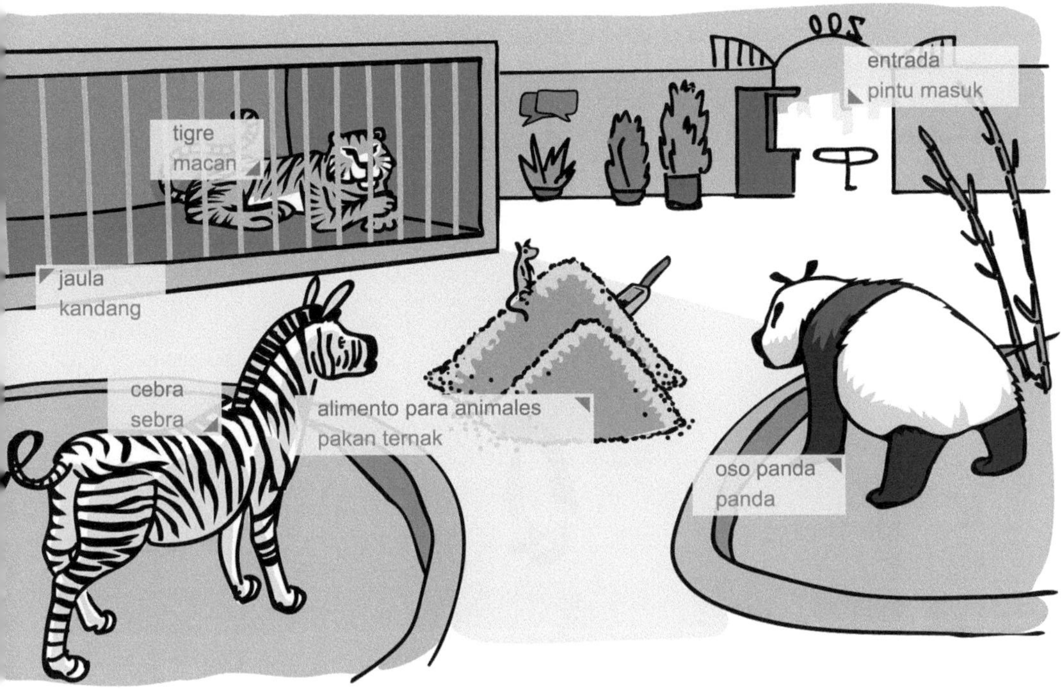

entrada
pintu masuk
tigre
macan
jaula
kandang
cebra
sebra
alimento para animales
pakan ternak
oso panda
panda

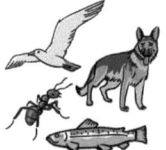

animales
hewan

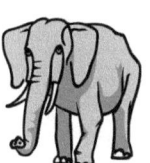

elefante
gajah

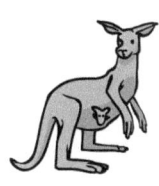

canguro
kanguru

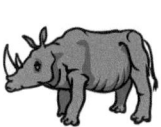

rinoceronte
badak

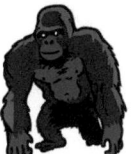

gorila
gorila

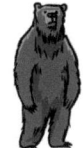

oso
beruang

camello

unta

avestruz

burung unta

león

singa

mono

monyet

flamenco

flamingo

loro

burung beo

oso polar

beruang polar

pingüino

penguin

tiburón

hiu

pavo real

merak

serpiente

ular

cocodrilo

buaya

cuidador del zoológico

penjaga kebun binatang

foca

segel

jaguar

jaguar

poni

kuda poni

leopardo

macan tutul

hipopótamo

kuda nil

jirafa

jerapah

águila

burung elang

jabalí

babi jantan

pescado

ikan

tortuga

kura-kura

morsa

anjing laut

zorro

rubah

gacela

kijang

zoológico - kebun binatang

fútbol americano
american football

ciclismo
naik sepeda

tenis
tennis

básquet
basketbal

natación
bernang

boxeo
tinju

hockey sobre hielo
hoki es

fútbol
sepak bola

bádminton
badminton

atletismo
atletik

handball
bola tangan

esquí
main ski

polo
polo

reír
ketawa

saltar
meloncat

abrazar
memeluk

caminar
berjalan

cantar
menyanyi

soñar
mengimpi

rezar
berdoa

besar
mencium

escribir

menulis

dibujar

melukis

mostrar

menunjuk

presionar

mendorong

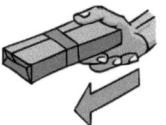

dar

memberikan

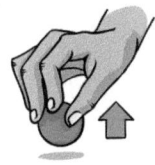

tomar

mengambil

tener
....
mempunyai

hacer
....
melakukan

ser
....
adalah

estar parado
....
berdiri

correr
....
berlari

tirar
....
menarik

tirar
....
melempar

caer
....
jatuh

estar acostado
....
tidur

esperar
....
menunggu

llevar
....
membawa

estar sentado
....
duduk

vestirse
....
berpakaian

dormir
....
tidur

despertar
....
bangun

actividades - aktivitas

mirar

melihat

llorar

menangis

acariciar

mengelus

peinar

menyisir

hablar

berbicara

entender

mengerti

preguntar

menanyak

escuchar

mendengar

beber

minum

comer

makan

ordenar

merapikan

amar

cinta

cocinar

memasak

manejar

menyetir

volar

terbang

actividades - aktivitas

navegar

berlayar

calcular

menghitung

leer

membaca

aprender

belajar

trabajar

bekerja

casarse

menikah

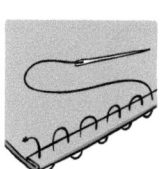

coser

menjahit

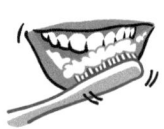

cepillarse los dientes

sikat gigi

matar

membunuh

fumar

merokok

enviar

kirim

familia
keluarga

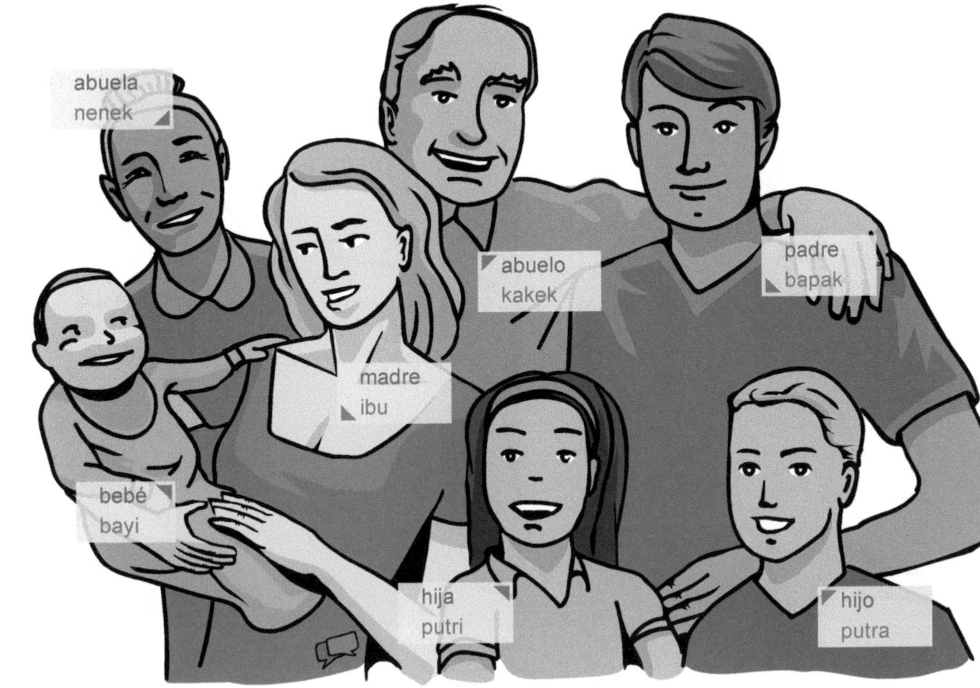
abuela
nenek
abuelo
kakek
padre
bapak
madre
ibu
bebé
bayi
hija
putri
hijo
putra

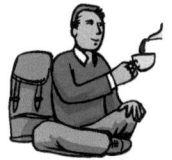

invitado

tamu

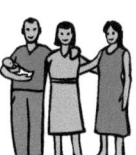

tía

bibi

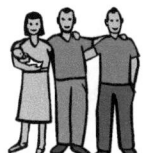

tío

paman

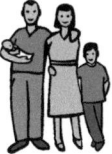

hermano

kakak laki

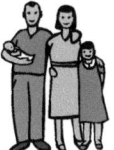

hermana

kakak perempuan

cuerpo
badan

frente
dahi
ojo
mata
hombro
bahu
dedo
jari
cara
muka
pera
dagu
mano
tangan
pierna
kaki
pecho
payudara
brazo
lengan

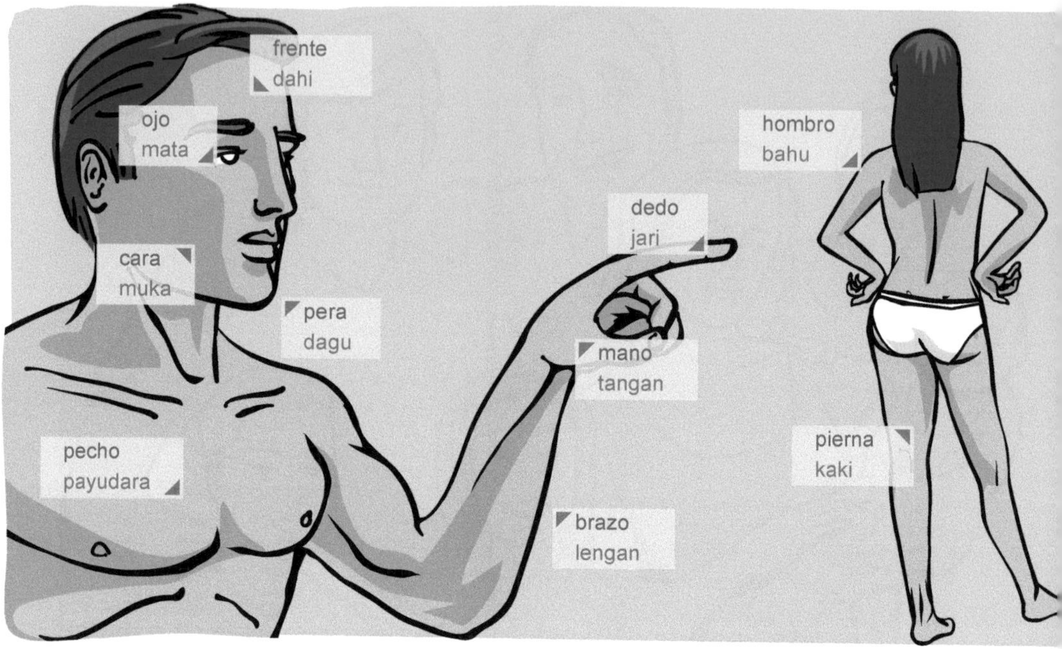

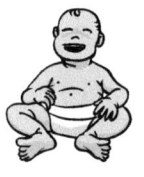

bebé

bayi

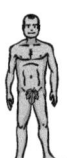

hombre

pria

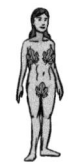

mujer

wanita

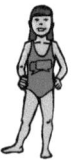

nena

perempuan

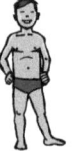

nene

laki

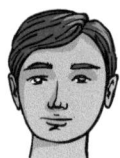

cabeza

kepala

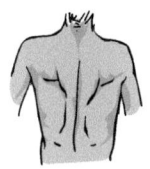

espalda

punggung

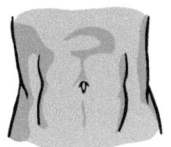

panza

perut

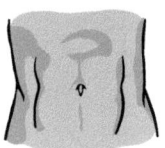

ombligo

pusar

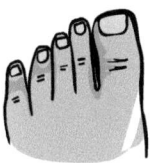

dedo del pie

toe

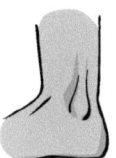

talón

tumit

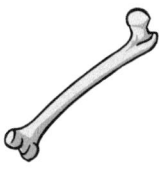

hueso

tulang

cadera

pinggang

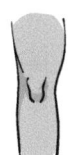

rodilla

lutut

codo

siku

nariz

hidung

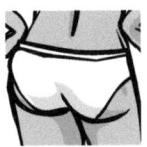

cola

pantat

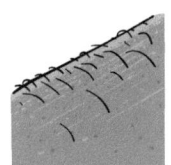

piel

kulit

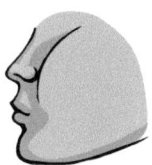

cachete

pipi

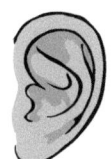

oreja

telinga

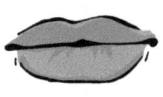

labio

bibir

boca
mulut

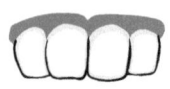

diente
gigi

lengua
lidah

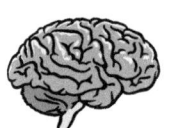

cerebro
otak

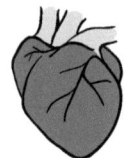

corazón
jantung

músculo
otot

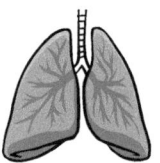

pulmón
paru-paru

hígado
hati

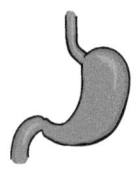

estómago
stomach

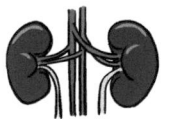

riñones
ginjal

sexo
hubungan seks

preservativo
kondom

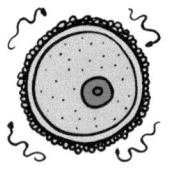

óvulo
sel telur

semen
sperma

embarazo
kehamilan

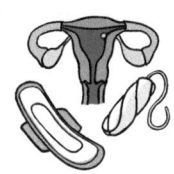

menstruación

menstruasi

vagina

vagina

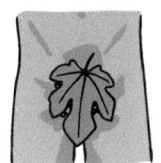

pene

penis

ceja

alis

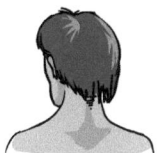

pelo

rambut

cuello

leher

hospital
rumah sakit

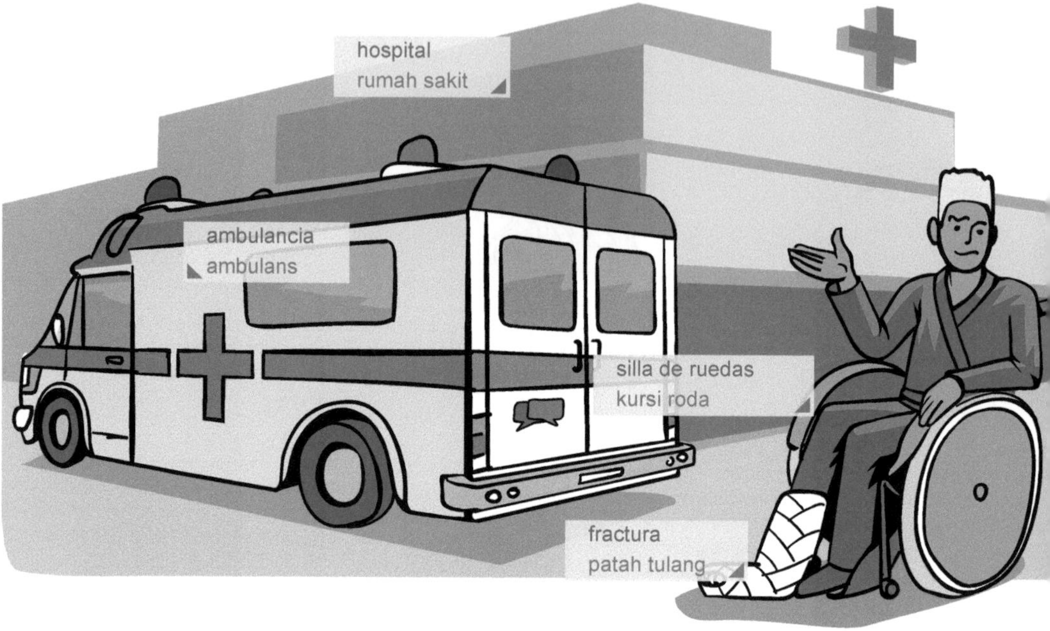

hospital
rumah sakit
ambulancia
ambulans
silla de ruedas
kursi roda
fractura
patah tulang

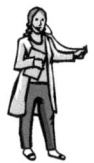

médico

dokter

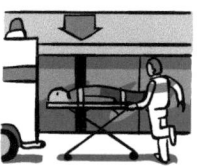

sala de guardia

ruang darurat

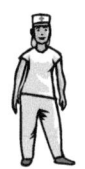

enfermera

perawat

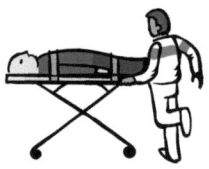

emergencia

darurat

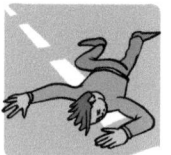

inconsciente

semaput

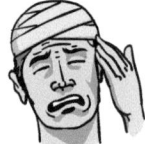

dolor

sakit

lesión
cedera

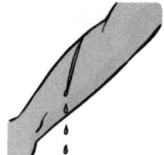

hemorragia
perdarahan

infarto
serangan jantung

ACV
stroke

alergia
alergi

tos
batuk

fiebre
demam

gripe
flu

diarrea
diare

dolor de cabeza
sakit kepala

cáncer
kanker

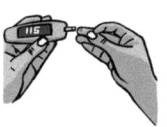

diabetes
diabetes

cirujano
ahli bedah

bisturí
pisau bedah

operación
operasi

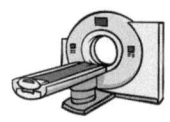

TC
CT

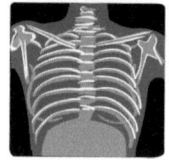

rayos x
sinar x

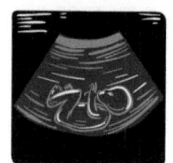

ecografía
usg

barbijo
topeng

enfermedad
penyakit

sala de espera
ruang tunggu

muleta
penyokong

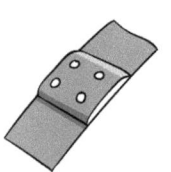

curita
plester

venda
perban

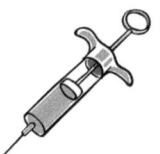

inyección
injeksi

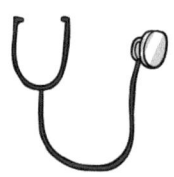

estetoscopio
stetoskop

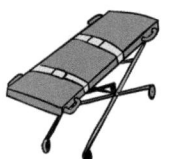

camilla
usungan

termómetro
termometer klinis

nacimiento
kelahiran

sobrepeso
kelebihan berat badan

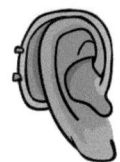

audífono
alat pendengar

desinfectante
desinfektan

infección
infeksi

virus
virus

VIH / SIDA
HIV / AIDS

remedio
obat

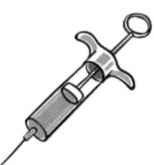

vacunación
vaksinasi

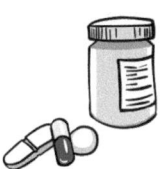

comprimidos
tablet

pastilla anticonceptiva
pil

llamada de emergencia
panggilan darurat

tensiómetro
ukur tekanan darah

enfermo / sano
sakit / sehat

¡Ayuda!

Tolong!

alarma

alarm

agresión

penyerbuan

ataque

serangan

peligro

bahaya

salida de emergencia

pintu darurat

¡Fuego!

Api!

matafuego

alat pemadam kebakaran

accidente

kecelakaan

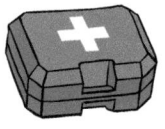

botiquín de primeros
auxilios

kit pertolongan pertama

SOS

SOS

policía

polisi

Europa

Eropa

América del Norte

Amerika Utara

América del Sur

Amerika Selatan

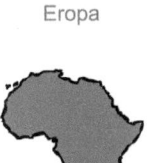

África

Afrika

Asia

Asia

Australia

Australi

Atlántico

Atlantik

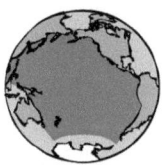

Pacífico

Pasifik

Océano Índico

Samudra India

Océano Antártico

Samudra Antartika

Océano Ártico

Samudra Arktik

polo norte

kutub utara

polo sur

kutub selatan

Antártida

Antarktika

Tierra

bumi

tierra

tanah

mar

laut

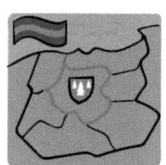

isla

pulau

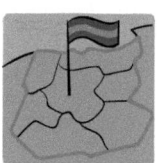

nación

bangsa

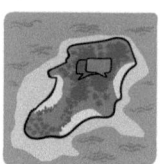

estado

negara

esfera

jam wajah

manecilla de las horas

jarum pendek

minutero

jarum menit

segundero

jarum detik

¿Qué hora es?

Jam berapa?

día

hari

hora

waktu

ahora

sekarang

reloj digital

jam digital

minuto

menit

hora

jam

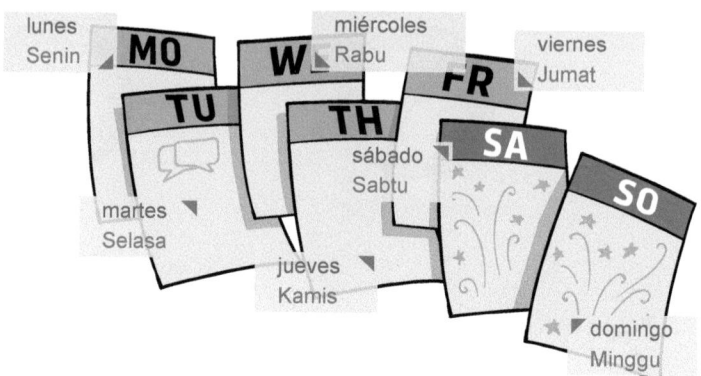

lunes
Senin

miércoles
Rabu

viernes
Jumat

martes
Selasa

sábado
Sabtu

jueves
Kamis

domingo
Minggu

ayer

kemaren

hoy

hari ini

mañana

besok

mañana

pagi

mediodía

siang

tarde

malam

MO	TU	WE	TH	FR	SA	SU
1	2	3	4	5	6	7
8	9	10	11	12	13	14
15	16	17	18	19	20	21
22	23	24	25	26	27	28
29	30	31	1	2	3	4

días hábiles

hari kerja

MO	TU	WE	TH	FR	SA	SU
1	2	3	4	5	6	7
8	9	10	11	12	13	14
15	16	17	18	19	20	21
22	23	24	25	26	27	28
29	30	31	1	2	3	4

fin de semana

akhir minggu

año
tahun

lluvia
hujan
arco iris
pelangi
viento
angin
nieve
salju
primavera
musim semi
verano
musim panas
otoño
musim gugur
invierno
musim dingin

4.APRIL 11°
5.APRIL 4°
6.APRIL 13°
7.APRIL 8°
8.APRIL 10°

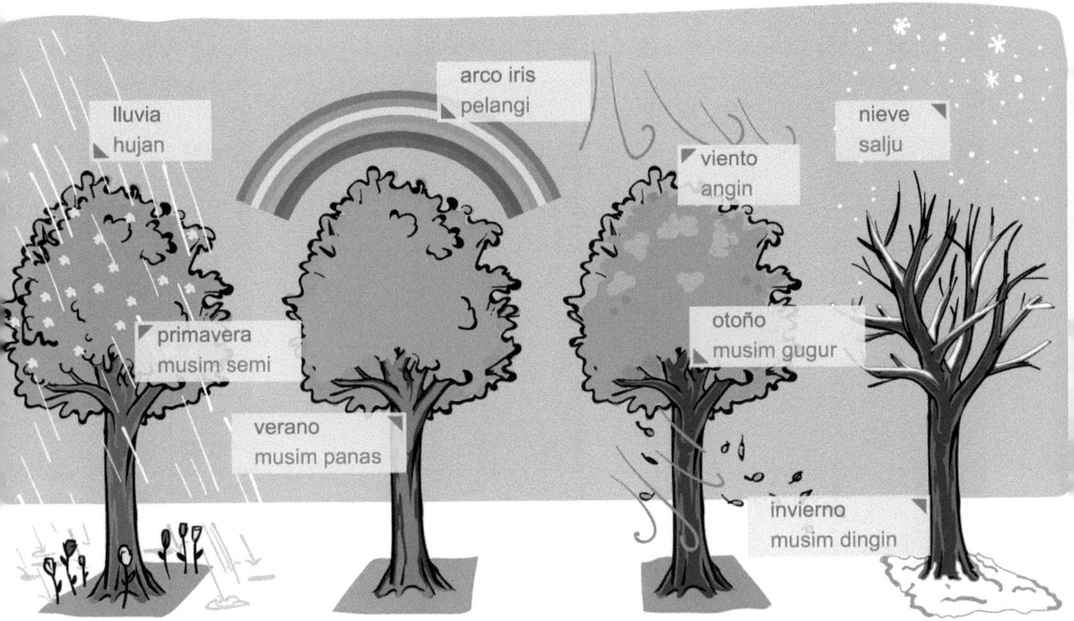

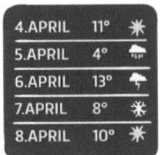

pronóstico meteorológico

ramalan cuaca

F C
120 40
90 30
60 20
30 10
0 0
-30 -10
-20

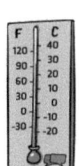

termómetro

termometer

luz del sol

matahari

nube

awan

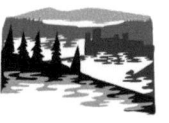

niebla

kabut

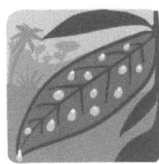

humedad

kelembahan

rayo
kilat

trueno
guntur

tormenta
badai

granizo
hujan es

monzón
monsun

inundación
banjir

hielo
es

enero
Januari

febrero
Februari

marzo
Maret

abril
April

mayo
Mei

junio
Juni

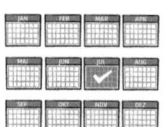

julio
Juli

agosto
Agustus

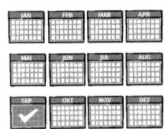

septiembre
....
September

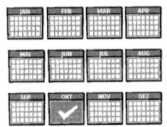

octubre
....
Oktober

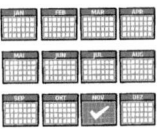

noviembre
....
November

diciembre
....
Desember

círculo
....
lingkaran

cuadrado
....
persegi

rectángulo
....
persegi panjang

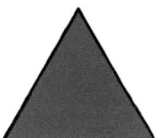

triángulo
....
segi tiga

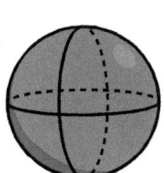

esfera
....
bola

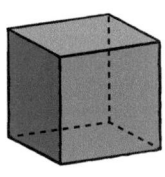

cubo
....
kubus

blanco

putih

amarillo

kuning

naranja

oranye

rosa

pink

rojo

merah

violeta

ungu

azul

biru

verde

hijau

marrón

coklat

gris

abu-abu

negro

hitam

mucho / poco

banyak / sedikit

enojado / tranquilo

marah / tenang

lindo / feo

cantik / jelek

principio / fin

mulaih / selesai

grande / chico

besar / kecil

claro / oscuro

terang / gelap

hermano / hermana

saudara laki-laki / saudara perempuan

limpio / sucio

bersih / kotor

completo / incompleto

lengkap / tidak lengkap

día / noche

hari / malam

muerto / vivo

mati / hidup

ancho / angosto

luas / sempit

comestible / no comestible

dapat dimakan / tidak dapat dimakan

malo / amable

jahat / baik

entusiasmado / aburrido

bersemangat / bosan

gordo / flaco

gemuk / kurus

primero / último

pertama / terakhir

amigo / enemigo

teman / musuh

lleno / vacío

penuh / kosong

duro / blando

keras / lembut

pesado / liviano

berat / enteng

hambre / sed

lapar / haus

enfermo / sano

sakit / sehat

ilegal / legal

ilegal / legal

inteligente / estúpido

cerdas / bodoh

izquierda / derecha

kiri / kanan

cerca / lejos

dekat / jauh

nuevo / usado

baru / bekas

nada / algo

tidak ada apapun / sesuatu

viejo / joven

tua / muda

encendido / apagado

nyala / mati

abierto / cerrado

buka / tutup

silencioso / ruidoso

tenang / keras

rico / pobre

kaya / miskin

correcto / incorrecto

benar / salah

áspero / suave

kasar / halus

triste / contento

sedih / gembira

corto / largo

pendek / panjang

lento / rápido

pelan-pelan / cepat

mojado / seco

basah / kering

caliente / frío

hangat / sejuk

guerra / paz

perang / damai

0

cero

nol

1

uno

satu

2

dos

dua

3

tres

tiga

4

cuatro

empat

5

cinco

lima

6

seis

enam

7

siete

tujuh

8

ocho

delapan

9

nueve

sembilan

10

diez

sepuluh

11

once

sebelas

12

doce

duabelas

13

trece

tigabelas

14

catorce

empatbelas

15

quince

limabelas

16

dieciséis

enambelas

17

diecisiete

tujuhbelas

18

dieciocho

delapanbelas

19

diecinueve

sembilanbelas

20

veinte

duapuluh

100

cien

seratus

1.000

mil

seribu

1.000.000

millón

juta

inglés

Inggris

inglés americano

bahasa Inggris Amerika

chino mandarín

bahasa Cina Mandarin

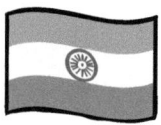

hindi

bahasa Hindi

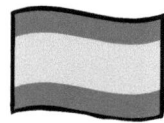

español

bahasa Spanyol

francés

bahasa Perancis

árabe

bahasa Arab

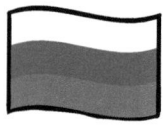

ruso

bahasa Rusia

portugués

bahasa Portugis

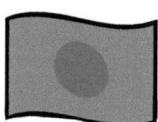

bengalí

bahasa Bengal

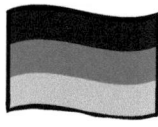

alemán

bahasa Jerman

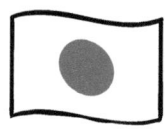

japonés

bahasa Jepang

yo

saya

vos

kamu

él / ella

dia

nosotros

kita

ustedes

kalian

ellos

mereka

¿quién?

siapa?

¿qué?

apa?

¿cómo?

begaimana?

¿dónde?

dimana?

¿cuándo?

kapan?

nombre

nama

dimana

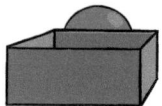

detrás

dibelakang

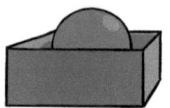

en

di

adelante de

didepan

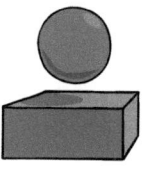

por encima de

diatas

sobre

diatas

debajo de

dibawah

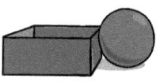

al lado de

sebelah

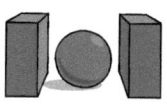

entre

di antara

lugar

tempat